Inhalt

Solarindustrie - Wie kann die Wiederauferstehung gelingen?

Kernthesen

Beitrag

Fallbeispiele

Zahlen und Fakten

Weiterführende Literatur

Impressum

Solarindustrie - Wie kann die Wiederauferstehung gelingen?

Anja Schneider

Kernthesen

- Die deutsche Solarbranche ist in der Krise. Zum Verlust der Wettbewerbsfähigkeit an die asiatische Billigkonkurrenz gesellen sich unternehmerische Fehlentscheidungen und gesetzlich stark verringerte Fördersätze.
- In der deutschen Photovoltaik arbeiten rund 10 000 Unternehmen, davon 200 Produzenten von Zellen, Modulen und Komponenten.
- Weltweit steht den Herstellern eine Konsolidierung bevor.

- Um Wege aus der Krise zu finden, müssen sich die deutschen Hersteller auf ihre Stärken konzentrieren: innovative Technologie und exzellente Wissenschaft!

Beitrag

Deutsche Solarindustrie steckt in Krise

Die deutsche Solarindustrie durchläuft derzeit eine schwere Branchenkrise. Viele Unternehmen schreiben rote Zahlen, die Meldungen von Überschuldung und Zahlungsunfähigkeit häufen sich, jeden Monat werden weitere Insolvenzen angemeldet, Werksschließungen stehen bevor, Firmen werden ganz oder teilweise verkauft, Mitarbeiter demonstrieren vor den Werken, Kurzarbeit und Leiharbeit machen sich breit, weitere Arbeitsplatzverluste stehen bevor, Unternehmen und Fonds erleiden erhebliche Kursverluste. Gleichzeitig werden in Deutschland und anderen europäischen Ländern die Förderungen und Vergütungen heruntergeschraubt. So hat die deutsche Bundesregierung zum 1. April 2012 die Fördersätze für nahezu alle neu errichteten Photovoltaikanlagen gekappt. Je nach Anlagentyp verringert sich die Vergütung um 20 bis 30 Prozent. Bei neu errichteten Solardachanlagen werden künftig noch achtzig Prozent des produzierten Stroms vergütet; die restliche Strommenge sollen die Besitzer selbst verbrauchen oder vermarkten. Zwar gab es zuletzt auch bessere Nachrichten. Die amerikanische First Solar verschiebt die geplante Standortschließung in Frankfurt an der Oder, bei der Berliner Solon wird nach der Übernahme durch die arabische Microsol nochmal auf Hochtouren produziert, und der einst größte und inzwischen insolvente Photovoltaik-Anbieter Q-Cells aus Bitterfeld-Wolfen weiß dank Teil-Übernahme durch die chinesische Hanergy zumindest 430 Beschäftigte erst mal gerettet. Doch all dies kann nur als Trostpflaster wirken, die fundamentalen Probleme der Branche sind ungelöst. (1)

Auf jeden Fall gab es auf der Intersolar Europe 2012, der weltweit größten Fachmesse der Solarwirtschaft, die vom 13. bis 15. Juni stattfand, genügend Diskussionsstoff. Warum geriet die einst so euphorische deutsche Solarbranche derart ins Straucheln? Diejenigen, die der massiven Subventionierung des asiatischen Billigwettbewerbs die Schuld zuschieben, sind zu kurzsichtig. Die Branche hat sich zum größten Teil selbst in den Schlamassel geritten, es gibt etliche Beispiele für unternehmerische Fehlentscheidungen. Nun gilt es Demut zu zeigen und sich auf die eigenen Kompetenzen zu besinnen. Manager und Forscher müssen zur Hochform auflaufen und die richtigen Wege finden, um der deutschen Solarindustrie nach dem Kollaps zur Wiederauferstehung zu verhelfen. Immerhin zählt die deutsche Solarbranche laut Branchenverband rund 15 000 Unternehmen, davon etwa 30 Produzenten und rund 150 000 Beschäftigte. In der Photovoltaik sind es rund 10 000 Unternehmen, davon 200 Produzenten von Zellen, Modulen und Komponenten. (2)

Vorteil China

Dabei ist genaues Hinschauen geboten. Denn die Statistik liest sich prima: In den Jahren 2010 und 2011 boomte die Neuinstallation von Photovoltaikanlagen in Deutschland. 2011 wurden 7 500 Megawatt Leistung neu installiert, also noch mehr als im Jahr zuvor (7 400 Megawatt Peak). Die Kapazität der neu installierten Anlagen hat sich laut Bundesnetzagentur im ersten Quartal 2012 im Vergleich zum Vorjahr fast vervierfacht. Die Deutschen lieben die Solarenergie. Seit den Beschlüssen der Bundesregierung zur Energiewende vor einem Jahr (am 7. Juni 2011) sind rund 400 000 Solaranlagen in Deutschland errichtet worden. Sieben

Millionen Menschen leben in Gebäuden, die Solarenergie zur Strom- oder Wärmeversorgung nutzen. (2), (3)

Auch weltweit legt die Photovoltaik zu. Die Nachfrage in USA, Japan, China und einigen Schwellenländern zieht an. In der globalen Produktion von Solarzellen herrschen mittlerweile erhebliche Überkapazitäten. In den Jahren 2009 bis 2011 verdreifachten die Hersteller ihre Produktion. So wurden 2011 weltweit Photovoltaikanlagen mit einer Leistung von 23 Gigawatt installiert, die Modul-Produktionskapazitäten lagen aber bei etwa 50 Gigawatt. Der kräftige Preisverfall, der den deutschen Herstellern inzwischen das Genick bricht, war die logische Folge. Innerhalb von nur zwei Jahren sanken die Preise um 50 Prozent. Bei den deutschen Herstellern brachen Margen und Gewinne ein. Wettbewerber aus Asien drängen in den Markt. Sie produzieren in der Masse die Solarzellen schlichtweg billiger. Die Anzahl der Solarzellenproduzenten aus China, Taiwan und Japan auf den Top-Listen vergrößert sich von Jahr zu Jahr. Vier der Top 5-Solarzellenproduzenten sitzen in China: Suntech Power, JA Solar, Yingli Solar und Trina Solar. Nur die amerikanische First Solar hält sich noch in der ersten Liga. Mit der Insolvenzanmeldung von Q-Cells droht nun auch der letzte deutsche Hersteller aus den Top 10 zu verschwinden. [Abb. 1]

Unterm Strich ist der Marktanteil der in Deutschland hergestellten Solarzellen nach Angaben des Zentrums für Solarmarktforschung zwischen 2007 und 2011 von 20 Prozent auf 6,7 Prozent geschrumpft; der Anteil Chinas am Weltmarkt ist von 15 Prozent auf 57 Prozent in die Höhe geschnellt. Eine Aufstellung der größten deutschen Solarparks zeigt, dass die meisten Solarzellen von chinesischen Herstellern geliefert wurden. [Abb. 2], (4), (5)

Für die Solarbranche bedeutet dies, dass eine kräftige Konsolidierung bei den Herstellern von Solarzellen, Modulen und Wechselrichtern ansteht. Etliche Spieler werden aus dem Markt ausscheiden. Nach einer Analyse des Beratungsunternehmens goetzpartners Management Consultants GmbH werden 2017 nur noch 37 Prozent der heute führenden deutschen Unternehmen weiter im internationalen Photovoltaikmarkt aktiv sein. International betrachtet werden in fünf Jahren noch 86 der derzeit 232 führenden Unternehmen im Photovoltaik-Markt aktiv sein, das entspricht einem Rückgang von 63 Prozent. (6)

Gütesiegel Made in Germany muss zum Matchball aufgebaut werden

Haben sich die deutschen Hersteller auf ihrem Pionierstatus und den üppigen Subventionen zu lange ausgeruht? Haben sie nicht konsequent daran gearbeitet, zukunftsweisende Innovationen zu schaffen, um auch langfristig die Nase im Wettbewerb vorne zu haben? Was kann die deutsche Solarbranche jetzt tun, um im Spiel um die solare Trophäe doch noch zum Matchwinner zu werden? Sich weiterhin auf Massenproduktion von Zellen und Modulen, möglichst billig, zu versteifen, wird nicht klappen, selbst wenn alles daran gesetzt wird, die Produktionskosten zu senken. Deutschlands Kompetenz liegt in Technologie und Wissenschaft, die deutschen Solar-Unternehmen können dann punkten, wenn sie sich differenzieren, Zusatznutzen und neue technologische Vorsprünge herausarbeiten, top-engineering und qualitativ hochwertige Facharbeit anbieten. Sie können sich die Wertschöpfungskette hinaufarbeiten, indem sie komplexe Systeme, Systemlösungen und Netzwerke für industrielle, gewerbliche und private Kunden entwickeln, liefern und betreuen. Sie brauchen einen exzellenten Vertrieb. Und exzellente Ideen! Wie lassen sich Photovoltaikmodule geschickt in Fassaden integrieren? Wie kann der Solarstrom gespeichert werden? Welche speziellen Designs und Anwendungsmöglichkeiten finden Akzeptanz beim anspruchsvollen Kunden in Nischenmärkten? Wer kann Hightech-Module für spezielle Anwendungen wie beispielsweise mit ausgeprägter Schwachlichtleistung oder Resistenz gegen extreme Klimabelastungen anbieten? Können bestehende Solarfreiflächenanlagen einen Beitrag zur Netzstabilisierung leisten und damit gut mit neuen Gaskraftwerken oder anderen regelbaren erneuerbaren Energiequellen kombiniert werden? (7), (8), (9)

Photovoltaik und Solarthermie finden Betätigungsfelder, auf denen sie Synergien nutzen oder sich Anteile abnehmen. Eigenstromsysteme sind ein Thema, an dem bereits gearbeitet wird. Die Berliner Solon und die Münchner Centrosolar bieten erste innovative Lösungen an: Solon arbeitet an einem System, das dank seiner Bleibatterie und eines intelligenten Energiemanagers, der den Energiefluss im Haus regelt, bis zu 70 Prozent Eigenverbrauch ermöglicht. Centrosolar hat ein System, das Strom und Wärme produziert. Es kombiniert eine Wärmepumpe mit integriertem Warmwasserspeicher mit Modulen und einem Wechselrichter. (10)

Die deutschen Unternehmen müssen sich neue Märkte erobern, überall dort Präsenz zeigen, wo der Energieverbrauch rasant wächst, so etwa in den Ländern Südamerikas, in Afrika und auch in Asien. Dass China seinen Binnenmarkt stark puscht ist legitim - und eine Chance für alle Anbieter im Solarmarkt. Weltweit sinkende Preise in der solaren

Technik bedeutet auch, dass solarer Strom billiger und damit wettbewerbsfähiger wird und somit immer mehr Absatzmärkte auf der Welt erschlossen werden können. Es kommt darauf an, die Qualität und den Ertrag bei Zellen, Modulen und Wechselrichtern steigern und zu sichern - dies bietet Herstellern und Dienstleistern im Markt für Qualitätssicherung eine Chance. Die deutschen Maschinen- und Anlagenbauer mit ihren schlüsselfertigen Produktionslinien können sich gut im Rennen um Weltmarktanteile halten, vorausgesetzt sie schaffen es, sich im Ausland zu etablieren, also dort, wo die Solarzellen und Module in Masse produziert werden. (5)

Auf politischer Ebene werden derzeit unterschiedliche Rettungsanker in die Diskussion geworfen - und kritisch hinterfragt. Der deutsche Bundesrat zog in Erwägung, die Höhe der Fördersätze für die Photovoltaikindustrie daran zu knüpfen, dass die Herstellung zu einem gewissen Teil innerhalb Europas erfolgt. Eine andere Variante wäre, die Förderung an die Klimabilanz der Solarprodukte zu knüpfen. Die USA ziehen sogar schon mit Schutzzöllen für Solarimporte aus China ins Feld. Solarimporte von Suntech wurden mit 31,22 Prozent, von Trina Solar mit 31,14 Prozent und von weiteren 59 Herstellern mit 31,18 Prozent Aufschlag belegt. Staatliche Hilfen wie zum Beispiel staatliche Eigenkapitalbeteiligungen,

Kredit, Zuschussförderungen oder debt equity swaps (Umwandlung von Schulden in Eigenkapital) wurden angeregt. Sogar die Idee einer Verstaatlichung der Solarindustrie wurde in den Ring geworfen. (8), (11)

Trends

Bei den Trends in der Solartechnik geht es um Qualitäts- und Ertragssteigerung bei Zellen, Modulen und Wechselrichtern. Solarmodule sollen leichter werden, installationsfreundlichere neue Formate haben und robuster sein. Lösungen, die das Zusammenspiel von Photovoltaik-Anlage, Stromspeicherung und Stromnetz optimieren, werden entwickelt. Dank neuer Überwachungstechnologien können die Betreiber die Erträge von Solaranlagen bis zum einzelnen Modul nachverfolgen, auch mobile Apps werden hierzu entwickelt. Lösungen für mehr Sicherheit und frühzeitiger Fehlererkennung sind gefragt. Innovative Lösungen für die robotergesteuerte Montage von Freilandanlagen werden entwickelt. Neue elektronische Komponenten sollen die Leistungsverluste bei Verschattungen minimieren. An Lösungen zur effizienten Selbstreinigung von Solaranlagen wird gearbeitet. Differenzierte Solarmodule unterschiedlicher Bauart für spezifische Anwendungen werden entwickelt. (12), (13)

Fallbeispiele

Im Dezember 2011 ging die Berliner Solon pleite, Solar Millennium in Erlangen meldete Insolvenz an. Im Frühjahr 2012 haben die Inventux Technologies AG, die Solarhybrid AG, die Soltecture GmbH, Sovello sowie der Systemanbieter Pairan einen Antrag auf Insolvenz gestellt. Die Odersun AG will Anfang Juni den Wirtschaftsbetrieb einstellen. Die US-amerikanische First Solar Inc. kündigte an, im Winter ihre Werke zur Herstellung von Dünnschicht-Photovoltaikmodulen in Frankfurt/Oder zu schließen. Der indische Solarzellen-Hersteller Microsol hat das Photovoltaik-Geschäft des zahlungsunfähigen Berliner Modulproduzenten und Systemanbieters Solon SE erworben. Die chinesische LDK Solar stieg Ende April bei dem Konstanzer Zellen- und Wechselrichterhersteller Sunways mehrheitlich ein. Solarhybrid übernahm sich bei der Finanzierung von Großprojekten und erklärte sich im März 2012 für zahlungsunfähig. Als bisher letzte an der Börse notierte Gesellschaft war Anfang April Q-Cells pleite. Noch vor fünf Jahren war Q-Cells der weltgrößte Hersteller von Solarzellen! Immerhin gelang es Q-Cells, ihre Dünnschicht-Tochter Solibro GmbH an die chinesische Hanergy Holding Group zu verkaufen. Solibro produziert in Thalheim Dünnschichtmodule auf Basis von CIGS (Kupfer, Indium, Gallium,

Diselinid). Mit Solarwatt, Conergy und Centrosolar stehen möglicherweise noch weitere deutsche Solarzellenhersteller vor dem Aus. Auch Solarworld und Sunways sind noch nicht aus dem Schneider. (5), (6), (14)

Zahlen & Fakten

Abbildung 1: Führende Hersteller von Solarzellen weltweit nach Megawatt 2010

Unternehmen mit Sitz	in Megawatt
Suntech Power, China	1.585
JA Solar, China	1.463
First Solar, USA	1.412
Yingli, China	1.060
Trina Solar, China	1.050
Q-Cells, Deutschland	1.014
Motech, Taiwan	945
Sharp, Japan	910
Gintech, Taiwan	827
Kyocera, Japan	650

Quelle: Photon, Bundesverband Solarwirtschaft

Entnommen aus: Frankfurter Allgemeine Zeitung, 19.08.2011, S. 19 (15)

Abbildung 2: Top 10 Solarparks nach Leistung mit Herstellern 2011

Rang	Projekt	Leistung in Megawatt	Solarmodulherst (Sitz)
1	Senftenberg I, II, III	166	Canadian Solar* 148MW (China/Kanada)
2	Brandenburg-Briest	91	Q-Cells (Deutschland)**
3	FinowTower I, II, Eberswalde	85	Suntech (China)
4	Wittstock, Alt-Daber	68	First Solar (USA)*
5	Fürstenwalde	40	Suntech (China)
6	Cottbus-Drewitz	30	Suntech (China)
7	Frankfurt/Oder	24	Yingli (China)
8	Berlin-Staaken	21	Q-Cells (Deutschland)**
9	Werneuchen	19	Suntech (China)
10	Brandenburg/Havel	19	Suntech, Yingli, LI Q-Cells, Centroso IBC****

* Canadian Solar produziert die Module in der Volksrepublk China. Rechtlich befindet sich der Firmen-

sitz in Ontario, Kanada.

** Q-Cells fertigt erst seit 25.07.2011 eigene Module, beschränkt sich auf die Q.Peak-Serie. Die

Fertigung übriger Module erfolgt in Asien, unter anderem bei Hanwa, früher Solarfun, China. Die

Arbeitsplatzeffekte sind daher eingeschränkt.

*** Das US-Unternehmen First Solar hat einen Fertigungsstandort in Frankfurt/Oder. Es entstehen

daher positive Arbeitsplatzeffekte.

**** Suntech,

Yingli, LDK
(China); Q-Cells**,
Centrosolar, IBC
(Deutschland)

Quelle: Zentrum für Solarmarktforschung

Entnommen aus: Wirtschaftswoche, 01/2012, S. 63 (16)

Weiterführende Literatur

(1) Wieder auf der Sonnenseite
aus Frankfurter Rundschau vom 13.06.2012, Seite 19

(2) Daten und Infos zur deutschen Solarbranche
aus Frankfurter Rundschau vom 13.06.2012, Seite 19

(3) Solarenergie erreicht weltweit wichtige
Meilensteine zur Wettbewerbsfähigkeit
aus Frankfurter Rundschau vom 13.06.2012, Seite 19

(4) Die Subventionen der anderen
aus Smart Investor, Heft 06/2012, S. 30-31

(5) Sonnenkönige verbrennen Geld ihrer Aktionäre
aus Smart Investor, Heft 06/2012, S. 32-34

(6) Die solare Pleitewelle rollt

aus www.powernews.org Meldung vom 06.06.2012 - 13:22

(7) Die Intersolar zeigt Prüfprogramme für Photovoltaik-Module Qualität führt aus der Solar-Krise
aus Quality Engineering, Heft 3, 2012, S. 42

(8) Wolff: "Die PV-Unternehmen sind selbst auch gefragt"
aus www.powernews.org Meldung vom 04.06.2012 - 12:06

(9) Solarbranche will Netze stabilisieren
aus energate vom 30.05.2012

(10) Photovoltaik Erreichen der Netzparität bringt der Solarbranche neue Hoffnung
aus www.maschinenmarkt.de vom 24.05.2012

(11) USA: Zölle für chinesische Solarzellen und -module
aus VDI NR. 21 VOM 25.05.2012 SEITE 5

(12) Intersolar AWARD Ertragssteigerung steht im Zentrum der Intersolar Europe 2012
aus www.elektronikpraxis.de vom 26.05.2012

(13) Photovoltaik: "Ich glaube fest daran, dass das Wachstum wiederkommt"
aus VDI NR. 21 VOM 25.05.2012 SEITE 2

(14) Hanergy rollt den Solarmarkt auf

aus Finanz und Wirtschaft vom 06.06.2012, Seite 9

(15) International, D: Markt für Solarzellen 2000-2010
aus Frankfurter Allgemeine Zeitung, 19.08.2011, S. 19

(16) D: Top 10 Solarparks 2011
aus Wirtschaftswoche, 01/2012, S. 63

Impressum

Solarindustrie - Wie kann die Wiederauferstehung gelingen?

Bibliografische Information der deutschen Nationalbibliothek

Die Deutsche Nationalbibliothek verzeichnet diese Publikation in der deutschen Nationalbibliografie; detaillierte bibliografische Daten sind im Internet über http://dnb.d-nb.de abrufbar.

ISBN: 978-3-7379-2383-5

© 2015 GBI-Genios Deutsche Wirtschaftsdatenbank GmbH, Freischützstraße 96, 81927 München, www.genios.de

Alle Rechte vorbehalten. Dieses Werk ist einschließlich aller seiner Teile – z.B. Texte, Tabellen und Grafiken - urheberrechtlich geschützt. Jede Verwertung außerhalb der Grenzen des Urheberrechtsgesetzes bedarf der vorherigen Zustimmung des Verlags. Dies gilt insbesondere auch für auszugsweise Nachdrucke, fotomechanische Vervielfältigungen (Fotokopie/Mikroskopie), Übersetzungen, Auswertungen durch Datenbanken oder ähnliche Einrichtungen und die Einspeicherung und Verarbeitung in elektronischen Systemen.